अनु के अल्फ़ाज़

एक रोशन जिंदगी में नया करिश्मा

अनिल गेणा

मैं यह पुस्तक मेरे माता-पिता,भाईयो, मेरी बहन,चाचा , गुरुजनों तथा राधे कृष्णा जी की सहायता ,प्यार व आशीर्वाद से लिख पा रहा हूं। तथा मैं इन सब को ही समर्पित कर रहा हूं।

क्रम-सूची

भूमिका vii

पावती (स्वीकृति) ix

1. माँ 1

2. दुआ 2

3. सांसे 3

4. अध्याय 4 4

5. अध्याय 5 5

6. अध्याय 6 6

7. अध्याय 7 7

8. अध्याय 8 8

9. अध्याय 9 9

10. अध्याय 10 10

11. अध्याय 11 11

12. अध्याय 12 12

13. अध्याय 13 13

14. अध्याय 14 14

15. अध्याय 15 15

16. अध्याय 16 16

17. अध्याय 17 17

18. अध्याय 18 18

19. अध्याय 19 19

20. अध्याय 20 20

क्रम-सूची

21. अध्याय 21 — 21

22. अध्याय 22 — 22

23. अध्याय 23 — 23

24. अध्याय 24 — 24

25. अध्याय 25 — 25

26. अध्याय 26 — 27

27. अध्याय 27 — 28

28. अध्याय 28 — 29

भूमिका

मेने ये पुस्तक सामान्य जीवन के अनुभवों को महसूस करते हुवे तथा तात्कालिक परिस्थितियों का भी समावेश करते हुए लिखी है।

इसमें उन लोगो का भी बहुत अच्छा योगदान है जो भूत करीबी थे लेकिन अब नहीं है......जीवन का असली पाठ भी इन लोगों ने सिखाया है।

पावती (स्वीकृति)

इस पुस्तक में सहयोग निम्न लोग को रहा जिन्हे में धन्यवाद कहता हूं.....

करिश्मा(बहन),

थार ई मित्र केंद्र भेरुंदा (नेमा राम)

रमजी,प्रकाश,नरसी, नेमी,राकेश,विक्रम,लोकेंद्र,दीपेंद्र, सुनिल और समस्त गुरुओं, माता पिता का आशीर्वाद

1. माँ

पराये शहर मे माँ कि एक चादर ओढ़कर सोया था
सुबह उठा तो शाम हो गई....
जब - जब करता है रोने को दिल
अक्सर वो चादर ओढ़ लेता हूँ
आखिर माँ साथ क्यो नही....
कुछ लम्हे याद आते हैं उन आटे से भीगे हाथो के,
वो हाथ ही तो थे जो हमे सहलाया करते थे
आखिर माँ साथ क्यो नही.....
जब आते थे घर थके हारे वो माँ ही तो थी
जो गर्म खाने को गर्म करके लाती थीजैसे- जैसे उम्र बढ़ती
गई
माँ कि अंगुली फिसलती गई....
अब तो मूँह देखना भी मासिक हो गया
आखिर माँ साथ क्यो नहीं........

2. दुआ

चांद के सामने जुगनू से उज्जाला लेकर आ गए,

मानो भूखे के मुंह से निवाला लेकर आ गए।

जिन्हे मांगा था दुआओं में,चौधरी साहब

उन्हीं के मुंह बद्दुआओ का झमेला लेकर आ गए।

जो निकले थे हमारी मोहब्बत की तलाश में,

वही आशिक़ अपहरण की फिरौती व हवाला लेकर आ गए।

घर के चोखट पर बेठे रहते थे जो बुजुर्ग,

सांस लेते ना लेते हमारी जवानी लेकर आ गए।

इतना भी फरेबी मत समझो किसी को,

कुछ खिड़कियां मकड़ियों का घर होती है,

हमारी मोहब्बत पर कौन उंगली उठा रहा है

कुछ लडकिया ज़िंदगी भर होती है

बस उसे देखते रहने की चाहत में आंखे नही खोलते,

सोते रहते है और नींद हमसफर होती है

3. सांसे

सांसे कितनी जोर से ली जाए ये कहा लिखा है,
हमेशा सच बोलना चाहिए ये झूठ कहा लिखा है,
आज कल सड़के भी एक तरफी नही रहती
फिर ये दो तरफी मोहब्बत के आंसू को कहा लिखा है,
असफलता का कीचड़ भाग्य पर उछालने वालो,
किस्मत में वो लिखा है ये लिखा है, ये कहा लिखा है।
जब राह में अकेला चलना पड़ता है सावन में,
तब अनजान को ही राहगीर बनाना पड़ता है।
अब ये सड़के इतनी मजबूत नही रही,अनिल
एक ही आसू सी वर्षा से टूटना पड़ता है।
पसीने का पानी इतना ही क्या महंगा हो गया
जवानी में ही हर किसी को ज़हर पीना पड़ता है।

अध्याय4

इन बादलो से अच्छी रजाई कहां मिलेगी,
बहनों से अच्छी विदाई कहां मिलेगी,
सपने सारे उड़ गए इक आंधी से झोंके मे,
अग्निपथ से अच्छी तबहाई कहां मिलेगी|

ज़माने भर का झूठ,ज़माने भर से सुना,
कितने सच्चे थे,
ता उम्र कमियां ही सुनी हमने
मारे गए तब जाकर सुना हम भी कितने अच्छे थे।

अध्याय 5

ज़माने भर लोग मिले कृष्णा,
अब तो उनका आना बाकी है,
जिनको हमारे जाने से डर लगता हों।

ज़िंदगी पूरी करदी सारी जिनके पीछे,
इक रोशन सी हो गई ज़िंदगी सारी उन्हीं के पीछे,
आबाद हुए तो देखा,
उन्ही ने खत्म कर दी ज़िंदगी हमारी पीठ पीछे।

अध्याय6

चुप इतने भी ना रहो की जुबां दर्द कर जाए।
कुछ तो बोल ए ज़िंदगी,
तेरी खामोशी इतना शोर क्यों कर रही है?

कितने मजबूर है वो
जो नफरतों के सैलाबो में रहते है
उनसे प्यार कौन करे जो रिश्तों के हाथ फैलाए,
बादल कितने भी गहरे हो कम्बक्त बसंत में हमेशा किनारे
रहते है।

अध्याय7

हमे किसने कहा था इतना हंसने को,
आदते ही कुछ ऐसी लगी जिनमे कभी सुधार नही हुआ
नफ़रते अस्पतालों से इस क़दर हो गई,
मर गया लेकिन कभी बीमार नहीं हुआ।

सफल बनना है तो पत्थर दिल बनो,
लग गए चुकाने मे कर्ज हमारा तो
छीन जायेगी बादशाहत हम में हमे ही ढूंढने में।

अध्याय8

कसमों से कौन मरता है अनिल,
बस फर्क इतना ही है की
कौन,कितना,क्या,किसके लिए है।

ऐ बारिश थोड़ी तो और रूक जाती,
बह गये रबी के सपने तो पानी में
काश अमीर पकोड़े खा लेते और
मेरी खरीब की रोटी उग जाती।

अध्याय9

एक कलम सी हो गई है जिंदगी,
खरीद भी तभी होती है हमारी जब सफल होते है लिखने में,
गहराई से चलाया जाता है जब बात महत्वपूर्ण हो,
वरना गुजर जाती है जिंदगी लिखा हुआ लिखने में।

मौते तो अक्सर अपनो के दिए घावों से होती है
बीमारीयां तो सिर्फ कारण बनकर रह जाती है।

अध्याय10

अब तो पीछा छोड़ो इन पुराने व्योपारियो का,
लगा मुनाफा तो कर देंगे व्यापार तेरी ही तकदीरो का ,
माना इतना भी बुरा नही है वो
ये सौदा करते है सिर्फ तेरे निखारो का ।

विश्वास ही धोखे पर कर बैठे,
चलो अपनो के पास जाकर बैठे,
बात तो सच झूठ की है
हम भी किन पर मर बैठे।

अध्याय 11

तूने कुछ लिखा ही नहीं तो मिटेगा कैसे?
ऐ ख़ुदा तू भी पढ़ कर देख,
किस्मत में ही नही तो,मिलेगा कैसे?

रिश्ते बनाते है कमजोर इंशा को,
करो दुश्मनी सिद्धत से तो
दुनिया जीत लो .....

अध्याय 12

मुसीबत में जिंदे दफ़न हो गए
मरो को कफ़न तक ना मिला
खड़े थे इंसाफ की कतार मे
सर पर मौत का इल्ज़ाम आ मिला।

कोई अपना बिक रहा था दुश्मनों के हाथो मे,
सुना था बड़ा बाजार है सब बिकता है।
अब ज़मीर भी बिक गया अनिल के वादों में,
ये बड़ों का बाजार है सब बिकता है।।

अध्याय 13

हमारे कातिल रो रहे थे हमारी ही मय्ययत पर,
बेकसूर जनाजा ही मर गया जब
अपने हंस रहे थे हमारी वसियत पर।

लिखा भी बहोत हमने,
पढ़ा उससे भी ज्यादा।
खुदगर्जी इतनी भी नहीं थी की कभी किसी का मिटाया
हमने।।

अध्याय14

जहां कद्दर नही हो उस रास्ते पर जाना ,
आत्मसमान के साथ समझौता है।

वक्त के शहरो में
बाजार तो तरक्की के लगे थे
और नीलामी किस्मत की हो गई.....

अध्याय15

किताब एक ही पढ़ी पर सिद्दत से पढ़ी.......
सोचा था आईना हकीकत बताएगा,
जब वक्त आया परिणाम का तो देखा सफलता किसी और
ने पढ़ी।

गया एक और साल.....
कम्बक्त ज़िंदगी भी टुकड़ों मे बटी है..

अध्याय16

जो पूछ कर जाते है,
वो आते है लौट कर
हम तो बता कर निकले है ....

कुछ राज़, राज़ ही अच्छे थे,
अब जाने तो जानकर भी अनजान है
उस कल से ,तो आज ही अच्छे थे।

अध्याय17

हम तो खैरियत पूछ रहे थे
उन्होंने बात हैसियत पर लाकर खत्म कर दी।

नसे कटी तो किसी और की मोहब्बत मे
हाल हमने पूछा तो मददगार वो हो गए
खून उनका बहा,
तो गुनहगार हम हो गए

अध्याय18

जब बिछड़े तो आंखे नम सी हो गई,
सबकुछ तन्हा तो था ही,
पर कोई अपना पन्हा हो गया।

गलतियां बताने चले थे......
खुद ही गलत होकर लौट आए।

अध्याय19

सच्चाई खरीदे भी तो कहा से?
झूठ बिक रहा था बाजार में कसमों के सौदे से।

महंम भी हम ही लगाए
और फिर भी मर हम जाए
कोई गुनाह तो नही किया हमने....
चलो फिर भी मर हम जाए।

अध्याय20

उनका जाना तो नागवारा नही गुजरा .....
कम से कम वफ़ा में हम तो सरकारी हो गए।

यार अनु ये लोग समझते क्यों नहीं.....
की हम याद भी भुलाने के लिए करते है.....

अध्याय21

इन्तजार मे थे कि सफ़र गुजारेंगे तो उनके ही साथ ......
इधर ये कमबख्त सफ़र ही गुज़र गया उन्हीं के इन्तजार
में.....

दो लफ्ज़ क्या लिखें प्यार की कलम से,
इन आशिकों ने तो हमे ही आशिक कह दिया......

अध्याय22

जब मर्ज गहरा हो तो दवा भी काम नहीं करती पैसो की,
अब तो लोग दुआ भी खरीद लेते है भीख देकर|

हवा का रुख क्या हवा भी रोकी जा सकती है,
पर जो थे ना वो वैसे होने चाहिए...

अध्याय23

परायो से कैसी नाराजगी साहेब,
बाते तो अक्सर अपनो से भी नही होती....

जो हमारी दोस्ती मे ही नही टिक पायें,
वो दुश्मनी मे कहाँ तक टिक पायेंगे....

अध्याय24

सूखे हुए दरिया सा लगता है तुम्हारे बिना,
ये हवा भी कितनी खुशनसीब हैं
तुम्हे छू कर तो निकलती है.....

तुम्हे बोल दूँ या फिर रहने दूँ
अगर बोल दूँ तो खो न दूँ
तो फिर रहने दूँ......

अध्याय 25

मेरे इस देश कि प्रगति मे कुछ तो हाथ होगा मेरा,
अब तो चली हैं सरकारें हाथ काटने मेरा,
माना किसान होना गुनाह होगा मेरा,
पर नही सोचा था इंसान होकर भी
तू ज़मीर बेच देगा तेरा.....

जब निकला कुबेर कमाने तो जाना की कैसा ये मायाजाल
है ,
यहाँ इंसा - इंसा को खाता हैं....
पैसा भी क्या कमाल हैं|

अनु के अल्फ़ाज़

अध्याय26

बुझदिली इस कदर बढ़ी की वहाँ हर घर बुझदिल पैदा हो
गया,
बटवारा तो पाक कहकर किया था पूरा देश ही नापाक हो
गया...

हमारे आसुं नीली स्याई के होते हैं,
रोते नही हैं हम...
उठाते हैं कलम और लिख देते हैं|

अध्याय27

कुछ तो अच्छा कर रहा हू अनजाने मे,
वरना इतने भी बुरे चर्चे नही होते हमारे........

कौन कहता हैं विज्ञान की भविष्यवाणीयां सही नही होती,
इसने तो इंसान को खोज से ही जंतु कहा है...

अध्याय28

हम ख़फ़ा नही हैं मेरे दोस्त, बस शुक्र हैं,
आपका जो आपने मतलब का मतलब सिखा दिया...

किसी के पास जमीन थी तो किसी के पास ज़मीर,
मंजिल पर जाके देखा तो जमीने बिक गयी ज़मीर खरीदने
की औकात मे......